AF278573

QUELQUES MOTS

A L'ADRESSE DE

MONSIEUR MONMARTIN,

Membre de la Commission Administrative de l'Ecole La Martinière,

PAR

M. PONTHUS-CINIER, ex-directeur.

DÉCEMBRE 1855.

LYON.

MONSIEUR MONMARTIN

Membre de la Commission administrative de l'école La Martinière.

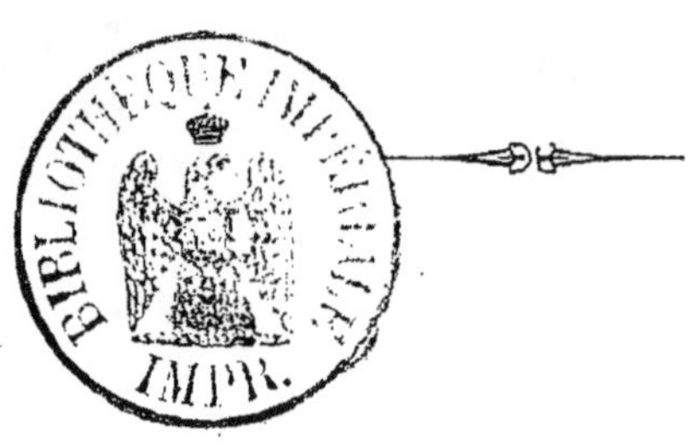

Monsieur,

J'ai trop à cœur de conserver intactes l'estime et la considération dont j'ai toujours été entouré par mes concitoyens, pour pouvoir me dispenser de leur rendre compte des motifs qui m'ont forcé à donner ma démission de Directeur de l'école La Martinière, dans des circonstances aussi inopportunes.

En effet, il ne peut venir à l'esprit de personne que le Directeur d'une institution aussi importante quitte son poste, quelques jours après la réouverture des cours, sans quelque cause majeure que chacun, alors, cherche à pénétrer, et s'explique à sa manière. C'est pour aller au devant de tous les commentaires, que j'ai pensé devoir publier une sorte de compte-rendu de mon administration et dire un mot des entraves qui ont été mises à mon zèle et à mes bonnes intentions.

Ayant été, vous, Monsieur, je ne dirai pas la cause principale, mais bien la cause unique de ma sortie de l'Ecole, déjà vous ne devriez pas être étonné de vous trouver cité dans cet exposé;

mais,comme en votre qualité de secrétaire de la Commission administrative, j'ai à me plaindre personnellement de la manière irré-
gulière et inexacte dont vous avez rendu compte de ses délibérations, je me crois en droit de vous y interpeller directement , et
de vous demander la rectification des erreurs et des omissions
que je vous signalerai. J'en profiterai pour vous faire remarquer
jusqu'à quel point vous abusez de la prépondérance que vos collègues vous ont laissé prendre dans l'administration de La Martinière.

Après avoir passé trente ans de ma vie en communication journalière avec la classe ouvrière, si nombreuse à Lyon, et lui avoir
laissé de moi, je crois pouvoir le dire, un souvenir honorable ;
j'eus la pensée que je pourrais encore lui être utile à la tête
d'une institution créée spécialement dans son intérêt : je sollicitai
donc la place de Directeur ; et malgré que cette démarche fût
tardive, j'eus l'honneur d'être préféré à tous ceux qui s'étaient
mis sur les rangs. Ma nomination me fut bientôt notifiée dans les
termes les plus flatteurs.

Cependant, vous avez paru choqué, Monsieur, de ce qu'un
ancien négociant avait été préféré à des concurrents, dont plusieurs avaient sur moi l'avantage, et c'en est un grand, j'en con-
viens, d'avoir passé par l'école Polytechnique; mais est-ce bien là
le véritable et seul motif qui m'a privé de cet accueil sympathi-
que dont vous aviez bien voulu honorer mon prédécesseur ?

Quoi qu'il en soit, voyez quelle différence dans le compte-rendu
de l'installation de l'un et de l'autre.

Séance du 12 janvier 1836.

M. Delamare est introduit. La Commission l'accueille avec empressement; elle met à sa disposition tous les documents relatifs
à ses fonctions et propres à lui faire connaître l'état actuel de
l'Ecole et ses précédents; elle arrête qu'un ordre du jour annon-

cera sa nomination et installation) à tous les fonctionnaires et employés de l'école La Martinière.

Cet ordre du jour est immédiatement rédigé et signé par la Commission, et remis à M. le secrétaire pour être affiché dans l'Ecole.

Séance du 10 octobre 1854.

M. le Président donne lecture d'un arrêté par lequel M. le conseiller d'Etat nomme M. Ponthus-Cinier, Directeur de La Martinière, en remplacement de M. Delamare, décédé.

M. Ponthus-Cinier, après avoir prêté serment, est installé.

M. le Président lève la séance.

Pardon, Monsieur, mais je dois vous faire observer que s'il ne vous convient pas de dire que la Commission m'a accueilli avec empressement, comme vous l'aviez fait pour mon prédécesseur; ce n'est pas une raison pour passer sous silence la chose la plus intéressante de cette séance dont vous rendez compte en deux lignes : ce qui établit qu'elle n'a pas été tellement chargée de détails, qu'avec un peu de bonne volonté, vous n'eussiez pu vous en souvenir.

Si les directeurs doivent passer à votre gré, au moins devriez-vous avoir la générosité de leur laisser le mérite de leurs œuvres. Je vais donc, Monsieur, vous rafraîchir la mémoire de ce qui s'est passé dans cette séance.

Après avoir procédé à mon installation, votre honorable président consultait l'assemblée pour savoir à quel jour il fixerait votre prochaine réunion, quand je lui ai demandé de vouloir bien me permettre de faire une proposition. M. le Président m'ayant donné la parole, j'ai proposé à la Commission d'adopter un usage qui est pratiqué dans toutes les maisons d'éducation universitaires et autres, depuis les écoles primaires jusqu'aux Lycées, celui de faire précéder l'ouverture des cours , d'une messe du Saint-Esprit.

Vous avez immédiatement pris la parole sans me permettre aucun développement, pour m'objecter que cette proposition avait déjà été faite plusieurs fois , et toujours résolue d'une manière négative. Cette objection qui n'était autre chose qu'une fin de non-recevoir, ne me parut pas tellement concluante que je dusse me tenir pour battu. aussi suis-je revenu à la charge en faisant valoir, et l'utilité de la chose en elle-même, et le bon effet que cette innovation pourrait produire dans le public, notamment auprès des parents des élèves. Il fallait, Monsieur, que vous fussiez bien à court de bonnes raisons pour répondre à cela que vous ne vouliez pas faire de La Martinière une école cléricale.

M. le Président, en prenant chaleureusement la défense de ma proposition, a réduit à sa juste valeur un aussi pauvre argument; et, mise aux voix, elle a été adoptée malgré votre opposition.

Vous voyez, Monsieur, que lorsque je me plains d'omissions dans le compte que vous rendez des séances, je n'ai pas besoin d'aller bien avant pour vous en donner la preuve ; continuons:

Mais constatons, d'abord, que ce qui avait paru n'être, de votre part, que de l'antipathie, s'est manifesté dès ce moment en une hostilité si peu déguisée qu'elle a été bientôt connue de tout le personnel de l'Ecole. Et aujourd'hui, après toutes les tracasseries , tous les mauvais procédés que j'ai eu à supporter de votre part, ne me donnez-vous pas le droit de penser que vous n'avez jamais pu me pardonner d'avoir été, pour vous, l'occasion d'un échec, chose il est vrai, sans précédent dans les réunions de la Commission.

Déjà huit jours après mon installation, vous étiez l'instigateur d'un refus général de la part de vos honorables collègues à une politesse que j'avais cru pouvoir me permettre de leur faire; politesse que Monsieur l'administrateur du département n'a cependant pas cru, au-dessous de lui, d'accepter.

Sur ces entrefaites, M. Dupasquier, professeur de dessin, qui avait assisté à mon installation, ayant envoyé sa démission, la Commission fut convoquée extraordinairement, le 31 octobre.

J'extrais ce qui suit du procès-verbal de cette séance :

« Parmi les communications que la Commission renvoie à un examen réfléchi, il en est une qui domine toutes les autres : dans les circonstances les moins inopportunes, la démission d'un professeur serait pour La Martinière une affaire grave, au moment de la réouverture des cours ; la retraite d'un homme tel que M. Dupasquier est un évènement qui impose de sérieux devoirs à ceux auxquels la prospérité de cette précieuse institution a été confiée. »

Tous ces mots à effet, de même que le pathos qui va suivre, ne sont là, permettez-moi de le faire observer, que pour préparer les voies à une assertion qui est en opposition formelle avec les preuves écrites que je vais vous citer ; et aussi pour dissimuler un mauvais tour qui venait d'être joué à M. Dupasquier ; ce qui a été la véritable cause de sa démission. Je continue :

« *Il a pu appartenir à la Commission.* » Ici, au moins, Monsieur, vous auriez dû dire entre deux parenthèses (et la Commission, c'est moi.)

« *Il a pu appartenir à la Commission de concevoir l'idée et de poser les bases* d'une méthode d'enseignement qui, par la rectitude des procédés et la rapidité des progrès, mit l'étude du dessin industriel à la portée des classes ouvrières; mais pour accomplir une mission grande à ce degré, il n'a fallu rien moins que les talents, le savoir et l'habileté de l'éminent professeur dont La Martinière gardera un impérissable souvenir : tels sont les titres qui recommandent M. Dupasquier à la reconnaissance du pays : tels sont, par cela même, les raisons qui appellent sur le cours de dessin, privé tout-à-coup d'un Directeur éclairé, les sollicitudes les plus actives de la Commission. »

A chacun le mérite de ses œuvres, je l'ai déjà dit ; et s'il vous en coûte trop, Monsieur, pour me faire la répartition de ce qui peut me revenir dans cette distribution, comme j'aurai encore à vous le faire remarquer ; au moins ne dépouillez pas un absent, (d'autres diraient peut-être une de vos victimes) dont, par esprit de confraternité, je me permets de prendre ici la défense.

Voici donc ce que j'ai lu dans un rapport adressé à la Commission par un directeur qui a eu, lui aussi, le tort d'avoir l'initiative de plusieurs choses utiles, notamment de celle dont vous voulez aujourd'hui, vous approprier le mérite.

Le 18 décembre 1833 (il y a 22 ans et c'est sans doute pour cela que vous avez confondu), M. Leymerie s'exprimait ainsi en parlant du cours de dessin : écoutez bien.

« Je ne dirai rien de la marche que suivra M. Dupasquier, puisque je ne la connais pas bien encore : je pense d'après la nature de ses modèles qu'il procédera à peu près comme dans la plupart des Ecoles. . . . . »
« je vais, du reste, avoir incessamment avec lui et M. Tabareau (pas question de M. Monmartin) une conférence dans laquelle nous chercherons à découvrir la meilleure méthode à suivre à La Martinière, afin que le dessin concoure, avec les autres parties de l'enseignement, au but que vous vous proposez.

« *Si j'osais* mettre ici en avant mon opinion personnelle; *si cela dépendait de moi* (quelles précautions oratoires !) j'organiserais le cours de dessin tout autrement qu'il ne l'est à présent.

« Je mettrais de suite les élèves à copier un objet dans son état naturel, comme (par exemple) un modèle de machine simple, un polyèdre, un instrument de physique. L'élève produirait d'abord une copie fort incomplète, très informe; on lui ferait recommencer son dessin en lui faisant remarquer les fautes les plus grossières, le manque de proportion, le peu d'exactitude des contours : la seconde copie serait encore très mal; on la lui ferait recommencer une troisième fois et jusqu'à ce qu'il y eut un peu d'exactitude et d'ensemble. On lui mettrait ensuite, sous les yeux, un modèle un peu plus compliqué. » . . . , ...
. . . .

« A ces études de dessin où l'élève, guidé par le professeur, acquerrait cette perspective pratique, je voudrais encore joindre des exercices de projection et de coupes. » . . . .

9

Voila ce que M. Leymerie vous proposait il y a 22 ans. Et c'est .exactement, mot à mot, la méthode d'enseignement dont M. Dupasquier a su faire, comme vous le dites, l'heureuse application, au moyen des modèles ingénieux qu'il a créés; méthode qui est encore aujourd'hui suivie en tout point.

M. Leymerie termine ainsi :

« Je soumets, cette ébauche à vos réflexions et à vos lumières. M. Tabareau qui d'abord avait paru opposé à ces idées, les adopte, aujourd'hui, entièrement. »

Est-il possible d'exposer ses idées avec plus de modestie!

S'il n'entre pas dans mon sujet de faire connaître par suite de quelles circonstances, M. Leymerie, homme d'un incontestable mérite, a été révoqué en 1837; c'est le cas de vous faire remarquer qu'il avait osé dire, comme moi, que le directeur n'était pas traité par la Commission comme semblerait le comporter l'importance de ses fonctions.

Dans une note présentée à la Commission, dix jours après la date du rapport que je viens de citer, le 28 décembre 1833, on lit :

« Le Directeur désirerait avoir avec la Commission des rapports plus directs, plus officiels; il demande à être appelé devant elle, à la fin de chacune de ses séances, afin de recevoir ses ordres et ses instructions. Là, on lui ferait connaître celles de ses décisions qui le concerneraient; on recevrait ses objections, s'il y avait lieu; et ce ne serait qu'après l'avoir entendu que M. le Président lèverait sa séance. »

Mais M. Leymerie ne paraît pas avoir été plus écouté que moi, à en juger par cet autre passage d'une note remise à la réunion du 4 février 1835 :

« J'ignore si la Commission s'est occupée des objets que j'avais soumis à son examen, dans ma dernière note; si elle a pris quelque décision à cet égard, je la prie de vouloir bien m'en faire part. »

Je vous demande pardon de cette digression à-propos de M. Leymerie, qui ne m'en voudra pas, je l'espère, de vous avoir fait apercevoir de l'erreur que vous avez commise; et dont, en son nom, je vous demande la rectification.

Quant aux *sérieux devoirs* que la Commission allait avoir à remplir, et aux *sollicitudes les plus actives* dont le cours de dessin, spécialement confié à votre zèle, allait être l'objet; vous vous en êtes si peu occupé, depuis lors, malgré mes observations réitérées, qu'il m'a fallu pourvoir d'office à deux emplois, au moment de l'ouverture du cours de cette année.

Ce procès-verbal du 31 octobre ne contient pas seulement la grosse erreur que je viens de vous signaler; j'ai encore, en ce qui me concerne personnellement, à vous prier de réparer une omission.

Ici, je l'avoûe, j'ai à vous parler de choses que je ne sais comment nommer; car elles sonnent toujours mal à l'oreille, quelles que soient les expressions dont on se serve : mais l'importance de la chose doit l'emporter sur toute autre considération.

Installé le 10 octobre, dix jours avant les examens, j'ai employé une partie de ce temps à faire connaissance avec les locaux de ce vaste établissement. Bien m'en a pris; car je n'aurais jamais pu me figurer que vous, Monsieur, qui passez pour avoir tout prévu, tout organisé, vous eussiez pu laisser, depuis plus de vingt ans, certains *lieux* dans l'état où je les ai trouvés. Comment pour une institution qui, reçoit plus de 400 élèves, une seule pièce au rez-de-chaussée, large de 3 mètres sur 5 de longueur, *sans aucune espèce de séparation*, où les enfants se précipitaient en foule et pèle-mèle à la sortie comme à la rentrée des classes; sans que jamais personne se fût mis en devoir ni de leur barrer le passage quand il s'y présentaient en trop grand nombre, ni même de veiller à ce que, dans cette cohue, il ne s'y passât rien de contraire aux bonnes mœurs!

Les précautions commandées par les règles, les plus ordinaires de la décence, avaient été tellemen] négligées, que sur le tableau que j'en fis à quelqu'un d'une haute expérience, le conseil me fut donné d'en faire mon rapport à l'autorité supérieure , qui s'empresserait de mettre fin à un pareil scandale.

Je préférai prendre sur moi d'ordonner quelques dispositions préparatoires afin que la Commission pût apprécier, à sa plus prochaine assemblée, la manière dont j'entendais faire exécuter une réparation qui me semblait aussi urgente. C'est à cette séance du 31 *octobre* que je fus autorisé à en faire la dépense.

Une consigne sévère qu'un domestique de la maison a été depuis lors chargé de faire observer, a complété ces mesnres d'ordre et de décence.

Peut-être, Monsieur , attachez-vous peu d'importance à ces nouvelles dispositions. Quant à moi n'eussé-je fait que les deux choses que je viens de rappeler à votre mémoire, dont l'une me semble aussi intéressante au point de vue religieux,que l'autre au point de vue des mœurs, je croirais encore que mon passage à La Martinière n'aura pas été inutile. C'est vous dire que je verrais avec plaisir qu'il en fût fait mention aux procès-verbaux.

A peine entré en fonctions, je m'aperçus que je ne pourrais suffire, seul, à tout le travail que je considérais comme indispensable pour mener la chose à bien. J'avais, notamment, cru voir un inconvénient grave à ce que les parents ne recevaient le premier bulletin sur les progrès et la conduite de leurs enfants que vers la fin du quatrième mois d'études; l'usage ayant été, jusque-là, de ne demander de rapports aux professeurs que tous les trois mois. Il me parut qu'en envoyant des bulletins tous les mois, ce serait procurer une grande satisfaction aux parents, naturellement fort désireux de savoir ce que font leurs enfants à l'Ecole : cette légitime impatience ne me paraissait pas pouvoir être satisfaite avec l'ancien usage : par les bulletins mensuels je devais encore éviter aux parents de nos élèves, presque tous ouvriers, une perte de temps en courses le plus souvent inutiles ; les professeurs n'habitant pas l'Ecole, et le Directeur étant lui-même sans renseignements.

Il est superflu d'expliquer tout ce que la conduite des enfants et leurs progrès devaient gagner à ces rapports mensuels, sur lesquels les parents se fondent pour donner des éloges ou des encouragements, pour reprimander ou punir.— Ce n'est cependant pas sans quelque difficulté que j'ai pu les obtenir; pendant que des professeurs pleins de zèle, et c'est le plus grand nombre, applaudissaient ouvertement à cette nouvelle mesure, d'autres la critiquaient *sournoisement*. C'est qu'en effet, ce classement qu'il leur fallait faire, chaque mois, les obligeait à s'occuper, bon gré malgré, de chacun de leurs élèves, ainsi que de la correction des devoirs, chose si essentielle aux progrès des études, et dont ils s'acquittaient peut-être un peu négligemment. — Une année d'expérience m'a prouvé que cette mesure était doublement utile et avantageuse.

L'Ecole n'avait jamais été aussi nombreuse (elle s'était ouverte avec 449 élèves): indépendamment de ce travail de bulletins à relever sur neuf cours différents, ayant encore à m'occuper d'une correspondance journalière avec les familles, et de beaucoup de détails, il me parut nécessaire d'avoir un aide; c'est pourquoi je fis à la Commission la demande d'un secrétaire, dans sa séance du 29 novembre 1854.

J'entrai à ce sujet dans d'assez longs détails, j'indiquai même une distribution du local qui me semblait préférable à celle qui existe, afin de donner au directeur un cabinet plus indépendant. Quoique la nomination de cet employé ne dût pas occasionner une grande augmentation de dépenses, puisqu'il ne s'agissait que d'ajouter environ 400 fr. à l'allocation de 800 fr. accordée au directeur pour indemnité de travail; ma proposition fut rejetée.

Mais, monsieur Montmartin. comment se fait-il que de cette séance du 29 novembre, dans laquelle a été présentée ma proposition, qui est certainement présente à la mémoire de tous vos honorables collègues, il ne soit fait nulle mention sur le registre de vos délibérations? Cela est bien extraordinaire : mais cela est pourtant.

Quoiqu'il dût m'en coûter bien cher, puisque dans une

séance qui dure une heure, vous parlez habituellement pendan cinquante-cinq minutes, encore voudrais-je pouvoir acheter, au poids de l'or, toutes les paroles que vous avez débitées dans cette séance pour faire rejeter ma proposition.... Mais peut-être pourrai-je, tout-à-l'heure, vous faire soupçonner la cause de cette lacune.

Avant d'aller plus loin, reconnaissez qu'il est inouï que des registres soient tenus avec un pareil désordre. Je ne parle pas seulement de vos omissions, de vos erreurs, de cette séance, dont on ne retrouve pas de trace : je parle, en général, de la tenue de ce registre, qui est cependant le seul guide que le directeur puisse consulter, n'étant pas honoré des communications directes de la commission. Au mois de mai dernier, vous avez fait transcrire, par la même plume, les procès-verbaux des séances des dix-neuf mois précédents, du mois d'août 1853 au mois d'avril 1855 ; depuis lors, jusqu'au 15 décembre, jour de ma sortie, il n'en avait pas été rapporté d'autres : c'est donc encore un intervalle de huit mois.

Passe encore, si chaque procès-verbal était déposé, je ne dirai pas, couvert par la signature du président; mais seulement à l'état de brouillon, comme le sont tous ceux que je connais de vous; on pourrait au moins en prendre connaissance : mais rien !... à quoi bon alors des procès-verbaux, si le secrétaire en use ainsi à son aise; car il va sans dire que lorsque vous en faites copier dix, douze à la fois, les membres de la Commission n'ont plus qu'à les signer de confiance.

J'ai été et je suis encore membre de plusieurs conseils d'administrations, et jamais je n'avais vu une telle négligence. Vous ne pouvez ignorer, Monsieur, que les procès-verbaux doivent être rapportés d'une séance à l'autre, et signés après lecture : cette règle ayant été observée, nous n'en serions pas à *courir après* le procès-verbal du 29 novembre.

Après deux mois d'exercice, j'avais pu faire beaucoup d'observations dans un établissement où, ainsi que le disait, à la réception du 1er janvier 1855, monsieur l'administrateur du département, il y a encore beaucoup d'améliorations à apporter, et qu'il recommandait à mon zèle; ne se doutant certainement pas qu'en prononçant ces mots, *il jetait de l'huile sur un feu déjà très-ardent.* C'était, en effet, reconnaître que M. Monmartin, malgré toute son habileté, avait bien encore laissé quelque chose à faire...

J'avais remarqué, dès les premiers jours, un manque d'ordre dans les mouvements, et par suite beaucoup de peine à établir le silence dès le commencement des leçons : c'est dans la pensée de remédier à cet état de choses que je présentai à la Commission une série de dispositions qui n'étaient que le développement d'un article du règlement général. Pour toute réponse, il m'a été dit qu'il suffisait de faire exécuter le règlement : je le savais bien ; mais c'était précisément pour arriver à ce but que je demandais à la Commission de rendre obligatoires quelques dispositions de détails que certains employés observaient mal, et que d'autres n'observaient pas du tout, sous le prétexte qu'on ne les avait jamais exigées d'eux.

Indépendamment de ce désordre, si contraire à la discipline qui doit être observée dans un établissement de ce genre plus que dans tout autre, je signalai à la Commission un autre mal, à mon avis, plus grand encore : je veux parler du danger qui se représente tous les jours sous les pas des enfants en dehors de l'école, à l'occasion des allées et des venues.

On conçoit en effet de combien de tentations diverses un enfant de douze à quatorze ans peut être assailli pendant un parcours de 1, 2, 3 quelquefois 4 kilomètres. Combien il doit lui arriver souvent d'oublier l'heure de sa classe, quand il n'a eu d'abord que l'intention de goûter, en passant, de quelque plaisir de son âge. Il faudrait ne pas avoir été écolier, soi-même, pour ne pas savoir que la crainte d'être grondé par ses parents ou par ses maîtres, ne suffit pas toujours pour retenir sur ce penchant si attrayant.

Mais ce ne serait encore que le moindre mal , si le démon des mauvaises habitudes n'était là pour remplir son rôle de tentateur. Ne savons-nous pas, tous, combien le vice est promptement inoculé à notre fragile nature ; combien il faudra de temps et d'efforts pour guérir une blessure qu'un geste, qu'un regard, qu'une parole auront pu faire à un cœur dans lequel le vice n'avait pas encore pénétré.

C'est de ce danger de tous les jours dont je m'étais préoccupé, quand j'ai présenté à la Commission un projet de discipline extérieure que, pour vous donner le plaisir de le dénigrer, vous avez complètement défiguré.

Ne pouvant, dans un écrit de quelques pages, le reproduire *in extenso*, je vais vous en retracer les principales dispositions et vous verrez, Monsieur, avec toutes les personnes qui voudront bien me lire, si ce projet que je ne présentais, d'ailleurs, qu'à titre d'essai, méritait d'être traité avec un aussi superbe dédain.

J'avais partagé la ville et la banlieue en circonscriptions indiquées par des tracés qui, partant de l'Ecole s'étendaient jusqu'aux dernières limites : ces tracés devaient être autant d'itinéraires qui seraient devenus obligatoires pour les élèves de la même circonscription. On aurait formé une escouade par circonscription avec un chef et un sous-chef choisis parmi les mieux notés de ceux qui habitaient les points les plus éloignés du centre.

Jusqu'ici je ne faisais qu'appliquer, en grand, des usages adoptés et pratiqués dans toutes les écoles primaires de notre ville. J'ajoutai que pour assurer l'exécution de cette mesure et retirer tous les avantages que j'en espérais, je me proposais d'appeler les pères de famille de chaque circonscription à faire, entr'eux, une sorte d'assurance mutuelle pour la surveillance de leurs enfants.

L'Ecole se composait l'an passé, comme aujourd'hui, de plus de 400 élèves; la ville avait été partagée en 14 circonscriptions qui, en moyenne, auraient fourni des escouades d'une trentaine d'enfants, *au départ* de La Martinière ; et je n'ai jamais compris, (contrairement à ce que vous me faites dire) qu'il pût y avoir autre chose d'obligatoire, *pour s'y rendre*, que de suivre l'itinéraire indiqué : la formation des escouades étant, dans ce cas, considérée comme impraticable.

Les pères de famille devaient être engagés à s'associer pour exercer, à tour et rang, une surveillance sur leurs enfants, soit en allant quelquefois à leur rencontre à la sortie des classes, soit en se rendant sur le parcours de l'itinéraire indiqué, aux heures où ils se rendent à La Martinière; et afin de leur faciliter le moyen de s'acquitter de ce service avec régularité, je me chargeais d'indiquer, à chacun, par un avis qui lui serait parvenu le dimanche, son jour de service pour la semaine suivante.

Il ne faut pas compter plus de vingt jours d'études par mois, et à la Martinière, où les cours généraux ne durent que *neuf* mois; *c'était donc, en voyant les choses au pire, six jours dans l'année, sur lesquels chaque père de famille aurait eu à prendre quelques instants pour faire son service :* et encore ai-je dit, en voyant les choses au pire ; car je n'ai jamais eu la pensée que ce service de surveillance s'établirait et se continuerait avec la régularité d'une ronde militaire ; il aurait suffi, et avec un peu de bonne volonté vous l'auriez très-bien compris vous-même, qu'au lieu d'aller accompagner qnatre fois par jour les enfants, comme le feraient des maîtres d'école (ce qui est de votre invention), il aurait suffi que, chaque jour, un seul père de famille, par circonscription, se trouvât sur le parcours de l'escouade, une ou deux fois : la crainte d'être surpris en faute aurait, le plus souvent, maintenu ces enfants dans l'ordre. Je dis plus; il aurait pu arriver que le service n'eût pas été fait de tout un jour dans la semaine, pourvu que ce jour ne fût pas périodique, sans que ces mesures cessassent d'avoir leur importance. Ainsi, un père de famille, empêché accidentellement, un ou deux jours, dans toute l'année, et qui n'aurait pu trouver à se faire remplacer, n'aurait pas, pour cela, compromis le but de l'association.

Les agents du fisc et de la voirie ne sont pas tous les jours, partout, à la même heure, et cependant la peur d'être surpris, n'empêche-t-elle pas de nombreuses contraventions ?

Cette appréhension aurait été d'autant plus permanente que les pères de famille n'ayant rien qui les distinguât de tous les allants et venants, et n'étant guères connus qne de leurs propres enfants,

les écoliers pouvaient,à chaque instant,craindre d'être pris en dé-
faut.

Mais, par contre, pour rendre cette surveillance possible, il fallait donner à chacun des élèves un signe distinctif, afin de pouvoir
reconnaître facilement celui dont la conduite avait pu paraître
répréhensible, et en faire, suivant la nature de la faute, un rapport, soit au père de l'enfant, soit au Directeur de l'Ecole. Je proposais donc de faire porter à tous les élèves une casquette uniforme, avec un liseré de couleur différente pour chaque circonscription, et sur le devant de la casquette un numéro, tel que celui
que les soldats portent sur leurs képis : ce numéro aurait corres-
pondu au numéro d'inscription de l'élève sur les registres de l'E-
cole : chaque père de famille ayant une liste des numéros, noms
et demeures de tous les élèves de sa circonscription, rien ne pouvait gêner le service.

Voici, Monsieur, les principales dispositions de ce projet de
discipline que vous avez si étrangement travesti ; de ce projet,
qu'avant de le soumettre à la Commission, j'avais fait connaître à
monsieur l'administrateur du département qui m'avait encouragé
à en poursuivre la réalisation; de ce projet dont j'avais parlé éga-
lement à plusieurs pères de famille qui, tous, m'avaient assuré
de leur concours le plus empressé. J'oubliais de vous dire que
monsieur l'administrateur m'a même fait délivrer, à cette intention, un plan de la ville que vous trouverez, ainsi que la lettre
d'envoi, dans les cartons de la bibliothèque.

Ce n'était donc pas un projet *qui ne pouvait supporter l'examen*:et cependant (je le disais dans mon rapport), je ne le présentais qu'à titre d'essai, avec la même timidité que M. Leymerie vous
proposait, lui-même, ses idées — qui sait si un jour.... mais reve-
nons au procès-verbal du 31 décembre.

« M. le Directeur propose des mesures d'ordre extérieur fondées sur l'admission d'une casquette numérotée et la fixation
d'itinéraires à imposer aux élèves sur le parcours desquels des
relais de parents (je me serais, dans tous les cas, servi d'une
autre expression) apostés quatre fois par jour, seraient succes-

sivement, de proche en proche, chargés de conduire, comme des maîtres de pension, la colonne de l'école à la maison, et de la maison à l'école.

« A propos de ces mesures qui ne supportent pas l'examen et qui ne sont mentionnées que parce que leur auteur y attache une extrême importance, la Commission rappelle que l'adoption d'un uniforme, bien entendu d'un uniforme n'ayant rien de flétrissant , a été unanimement rejetée dans les premières années de sa fondation; et elle déclare, après 22 ans d'expérience, qu'elle reste plus convaincue que jamais de la prudence de sa détermination à cet égard.

« Quant à l'idée de donner des casquettes numérotées aux élèves de La Martinière, il lui suffit, pour la juger, de se demander si un seul père de famille, un peu honorable, consentirait à voir au front de son fils un stigmate qui le mettrait nominativement sous la surveillance de la police. »

Mais quoi! prétendriez-vous, Monsieur, que les élèves de La Martinière sont tous de petits vauriens, et plus que ça, pour qu'il pût suffire, pour les mettre sous la surveillance de la police, de leur faire porter une casquette numérotée qui deviendrait un stigmate flétrissant!... Cela étant, vous n'auriez rien de mieux à faire que de fermer cette école. Quoi qu'il en soit, je ne vous ai pas parlé d'autre chose que de mettre ces enfants sous la surveillance de leurs parents, et je ne sache pas qu'il puisse y en avoir de moins déshonorante.

Si, au contraire, les élèves de La Martinière valent les autres écoliers, je ne vois pas ce qu'ils auraient à perdre à en être distingués. Je dis plus , le but que l'on s'est proposé, dans le règlement organique de l'école, en faisant afficher le tableau des élèves, par rang de mérite, à la suite de l'affiche annonçant la réouverture des cours, serait mieux atteint par suite du moyen que j'indique, qu'il ne l'a jamais été : et tel enfant qui serait porté aux premières places dans 5 ou 6 cours, ne se plaindrait pas de la facilité avec laquelle on pourrait le connaitre nominativement par le rapprochement de son nom avec son numéro d'ordre.

Croyez-vous que les soldats appartenant aux régiments qui ont été désignés pour donner l'assaut à Sébastopol, et qui traversent la France chargés de glorieuses blessures, n'éprouvent pas une certaine fierté à laisser voir, sur leur képi , le numéro de leur régiment?

Et vous-même, Monsieur, vous seriez-vous plaint si le jour où, pour la première fois, vous êtes entré à La Martinière, après avoir attaché à votre habit le signe de haute distinction qui vous a été accordé pour vous récompenser des soins que vous donnez à cette école (*surtout depuis dix ans*), quelqu'un se fût chargé de faire connaitre votre nom à tous ceux des élèves qui auraient pu l'ignorer? Non certainement !

> « Il aurait volontiers écrit sur son chapeau :
>   C'est moi qui suit Guillot, berger de ce troupeau. »

Quant aux 22 ans d'expérience que vous invoquez, vous auriez pu tout aussi bien me faire cette objection, quand j'ai demandé à changer les dispositions des *lieux*.

Ainsi, Monsieur, au 27 décembre , moins de trois mois après mon entrée en fonctions , j'établis que les réformes et les innovations dont j'ai eu l'initiative, vous les passez sous silence. Vous escamotez le compte-rendu d'une séance dont la délibération se serait trouvée en opposition directe avec celle d'une autre séance dont je vais parler. Quant à ma proposition concernant la discipline extérieure , vous n'en faites mention que pour la critiquer d'une manière ridicule; qui vient, ici, faire la contre-partie des éloges que vous décerniez, le 31 octobre, à M. Dupasquier.

Je crois en avoir dit assez pour donner la mesure de cette hostilité systématique qui n'a fait que grandir à proportion du zèle que j'apportais dans l'exercice de mes fonctions.

Je passe sous silence tous ces manques d'égard et de politesse qu'on se doit entre gens bien élevés, pour arriver à cette séance du 8 mars, où vous avez demandé le rétablissement de l'emploi de secrétaire-conservateur.

Je rappelle le motif qui l'avait fait supprimer le 21 novembre 1842.

« M. Monmartin fait observer que la place de secrétaire-conservateur, dont l'importance n'avait pas été exactement appréciée lors de l'organisation de l'école, pouvait être utilement supprimée, et les attributions divisées entre deux des fonctionnaires actuels.

« M. Monmartin propose d'attribuer au Directeur, en sus de ses fonctions actuelles, celles du secrétariat, et au surveillant-principal celles de la conservation du mobilier des cours. »

Suit la délibération conforme à l'exposé des motifs, et le vote d'une allocation de 800 fr. par an, au directeur, pour surcroit de travail, et de 400 fr. au surveillant-principal.

Voici à présent, par quels motifs, le 8 mars 1855, vous engagiez la Commission à revenir sur cette mesure.

« La Commission, vu le réglement général ; et considérant que depuis la suppression de l'emploi de secrétaire-conservateur opérée à titre d'essai, après la mort du dernier titulaire, La Martinière a acquis, par l'accroissement du nombre des élèves, la création d'un cours d'adultes, les progrès de l'enseignement et l'extension incessante de ses collections, une importance qui rend le rétablissement de cet emploi tout à fait indispensable ;

« Considérant que ce développement d'importance dans toutes les branches du service fait sentir, en outre, et de plus en plus, chaque jour, l'utilité d'un bureau où seraient exécutés, dans le sein même de l'établissement, en la présence des professeurs et sous les yeux de l'administration, les nombreux dessins nécessaires à l'atelier de construction des machines, au cours de mécanique descriptive, de physique appliquée, créations récentes dont les résultats sont appelés à exercer la plus féconde influence sur l'industrie lyonnaise ;

« Considérant qu'à l'exemple de ce qui se pratique dans les

bureaux de messieurs les ingénieurs, la tenue des écritures et l'exécution des dessins de La Martinière peuvent être utilement confiées à une seule et même main formée à ces deux aptitudes faciles à rencontrer unies ;

« Considérant que les frais actuels de bureau et les frais de dessin devenus nécessaires forment, par leur cumul, un traitement assez élevé pour rétribuer convenablement un excellent employé; qu'on peut donner ainsi à l'Ecole, sans charge nouvelle à imposer au budget, des conditions d'ordre beaucoup meilleures que celles où elle est aujourd'hui placée. »

Ouf! quelle peine vous avez dû vous donner, M. Monmartin, pour faire sortir ces considérants du bout de votre plume : et tout cela ponr arriver au dispositif où, en quelques mots, la Commission a rapporté la décision par laquelle 800 fr. d'indemnité avaient été alloués au Directeur précédent; qui lui ont été servis depuis le 21 novembre 1842.

Vous vous seriez donné moins de mal, et vous eussiez été beaucoup plus sincère en disant :

« Considérant que *s'il a pu appartenir* à la Commission de refuser au Directeur actuel un secrétaire dont l'utilité peut être moins contestée que jamais; elle peut, avec tout autant de raison, lui retirer l'indemnité qu'il emploie à payer un commis de bureau.

« Par ces motifs, qui sont péremptoires,

(La raison du plus fort est toujours la meilleure.)

« La décision du 8 mars 1842, est rapportée. »

Vous ne tromperez personne, M. Monmartin, sur le véritable but de cette mesure ; elle était uniquement dirigée contre moi. Encore quelques mots pour prouver que vous n'avez demandé le rétablissement de cet emploi que pour avoir le prétexte de me faire retirer l'indemnité de 800 fr.

Vous me faites refuser par la Commission un secrétaire qui aurait été occupé réellement à un travail d'écriture, sans charge nouvelle pour le budget; (ce qui était vrai dans ce cas) et vous en faites nommer un, trois mois après, qui n'aura *autre chose à faire que de dessiner*; et ces dessins qui étaient fournis précédemment pour 5 à 600 fr. par an, coûteront à l'avenir 2,000 fr., sans compter les accessoires.....

Tant pis pour le service du bureau! ou pour mieux dire; tant pis pour la discipline; tant pis pour les progrès des élèves ! Pour vous, l'essentiel était de me faire supporter une vexation de plus.

Quelle conséquence aurait dû avoir cette décision ? Celle de priver les parents de ces communications fréquentes qui, soyez en sûr, leur sont précieuses, et importent beaucoup au succès des études. Eh bien ! il n'en a rien été : au contraire, j'ai, depuis lors, introduit une nouvelle mesure pour stimuler l'émulation des élèves, ce qui n'a fait qu'augmenter le travail du bureau : je veux parler du tableau d'honneur que j'ai inauguré par l'ordre du jour suivant :

18 juin 1855.

ÉLÈVES DE LA MARTINIÈRE.

« En introduisant l'usage de placer dans l'endroit le plus apparent de l'école un tableau d'honneur, sur lequel figureront le nom des élèves qui auront obtenu les premières places dans leurs classes, en même temps que les meilleures notes de conduite, nous nous sommes proposé un double but.

« D'une part nous avons pensé, par ce moyen, stimuler votre émulation. Tous vous aurez certainement à cœur d'être portés sur ce tableau ; cette louable ambition donnera lieu à une lutte entre ceux qui, une fois inscrits, voudront s'y maintenir, et ceux dont le nom n'y aurait pas encore figuré.

« Par ces efforts multipliés, incessants, vous contracterez l'habitude de cette application soutenue qui, plus tard, vous assurera le succès, en face des plus grands obstacles...

« Mais nous espérons voir ressortir, de cette mesure, un autre avantage non moins important.

« S'il n'est pas d'époque dans la vie où on puisse, mieux qu'à votre âge, appliquer ce vieux proverbe que vous connaissez tous: « dis moi qui tu fréquentes, je te dirai qui tu es ; » il n'en est pas non plus où les impressions soient plus durables ; il n'en est pas où l'on ait un plus grand besoin de bons exemples. Eh bien ! ce tableau d'honneur vous indiquera ceux de vos camarades que vous devrez chercher à imiter ; ceux parmi lesquels vous devez choisir vos amis.

« Tel est le double but que nous nous sommes proposé ; nous aimons à croire que si notre pensée est bien comprise, elle sera féconde en bons résultats pour le présent et pour l'avenir.

—————

« *N. B.* Ne seront pas portés sur le tableau d'honneur les élèves dont la conduite sera notée comme mauvaise dans un des cours, ou comme médiocre dans plus de la moitié des cours qu'ils suivent. »

—————

Ce tableau, dans une institution qui reçoit plus de 400 élèves, et où l'on suit neuf cours, ne contient pas moins de 250 inscriptions. Qu'ai-je fait plutôt que de renoncer à ces divers moyens d'influence salutaire sur les élèves ? Le commis de bureau dont j'avais reconnu l'indispensabilité, et que j'avais payé jusque là sur l'indemnité allouée au Directeur, je l'ai gardé jusqu'au jour de ma sortie, en le payant sur mes honoraires.

Vous vous êtes trompé, Monsieur, si vous avez cru trouver en moi un homme vénal, un mercenaire qu'une rognure de cette importance, faite à ses émoluments, aurait provoqué à donner sa démission : et c'est sans doute parce que vous avez vu que toutes ces tracasseries n'aboutissaient pas, que vous en êtes venu à me faire une véritable avanie, dont je ne ferai qu'indiquer quelques circonstances afin de ne pas être être trop long.

J'avais su par plusieurs voies que la Commission se plaignait

de ce que je n'allais pas habiter les appartements du Directeur :
j'étais bien persuadé que ce n'était là qu'un prétexte ; mais enfin,
voulant éviter tout motif de plaintes plus ou moins fondées, je
m'étais décidé à aller occuper un appartement dans les plus
mauvaises conditions possibles d'habitation et de voisinage :
et c'est précisément *quand les réparations sont terminées* que
vous venez me chercher querelle, par la raison que La Martinière étant *la maison des pauvres*, il était inconvenant
de faire *tant de dépenses* dans l'appartement d'un directeur dont
le traitement est si modique. Que ne puis-je mettre le public à
même de juger, en le visitant, et de la valeur et de la sincérité
d'un semblable reproche! D'ailleurs la Commission n'avait-elle
pas toujours le droit de laisser à ma charge celles des dépenses
qu'elle n'avait pas entendu autoriser !

J'étais allé, moi-même, au devant de cette éventualité par les
instructions que j'avais données aux ouvriers chargés de ces réparations : parce qu'en définitive, devant faire l'économie d'un loyer,
je ne devais pas reculer devant quelques frais pour rendre aussi
logeable que pouvait le comporter l'exiguité du local, un appartement que je me croyais destiné à habiter lontemps.... J'avais
compté sans mon hôte.

Au fait, quand je n'habite pas l'appartement du Directeur,
vous m'en faites un *casus belli*; et au moment où je suis prêt à
y entrer, vous allez, vous, M. Monmartin, jusqu'à vouloir *m'en
faire retirer les clés*; ni plus ni moins que si je l'avais souillé
par quelque orgie scandaleuse. Et cela, au nom de la Commission
qui ne s'était pas même réunie pour en délibérer.... Ainsi dans
le même fait : outrage au Directeur, monstrueux abus de pouvoir !... J'ai donc pu dire avec raison que vous abusez de la prépondérance que vous ont laissé prendre vos collègues.

Vous dites, Monsieur, en parlant de La Martinière, que c'est
la maison des pauvres; je dis, moi, que cette institution est une
école des Arts-et-Métiers, essentiellement créée en faveur des
enfants de la classe ouvrière. Ne cherchez pas à humilier ainsi
les parents qui vous envoient leurs enfants : je les connais mieux
que vous, les ouvriers, et je sais très bien que dans le nombre
de ces braves gens, il en est qui ne sont pas à l'aise : il en est

même qui s'imposent de durs sacrifices afin de pouvoir envoyer leurs enfants à La Martinière; et que le moindre chômage, qu'une courte maladie, peuvent réduire à un état de pauvreté.

C'est, pénétré de cette pensée, qu'au bas d'une note que je remettais à la Commission pour un de ses ordres du jour, je lui expliquais que si chaque membre de la Commission voulait bien prendre, en sa qualité d'administrateur, une carte du Dispensaire, je pensais pouvoir obtenir de cette société (et j'étais déjà entré en pourparlers, à ce sujet, avec son honorable Président), je comptais pouvoir obtenir, outre les visites à domicile, qui n'auraient pu profiter qu'à un petit nombre, une visite de médecin à La Martinière, tous les jours. C'eût été un moyen de prévenir souvent de graves maladies. Chaque année, quelques familles auraient eu à bénir les noms des administrateurs qui seraient devenus, ainsi, bien autrement populaires que par leur simple apposition au bas de quelques affiches. Que m'a-t-il été répondu? Que la Commission jugeait à propos de *s'en dispenser*; soit.

Eh bien! Monsieur, sans croire comme vous, que La Martinière soit la maison des pauvres, je n'ai pas laissé échapper la seule occasion qui ait dépendu de moi de diminuer les dépenses en livres que les parents sont obligés de faire; et si l'exemple que j'ai eu surtout en vue de donner avait été suivi, je n'aurais probablement pas reçu la lettre que voici :

« 28 novembre 1855.

« Monsieur le Directeur,

« Le lendemain du jour où vous avez bien voulu admettre mon fils, on lui a demandé 7 fr. 40 c. pour des feuilles imprimées : on vient encore de lui demander 4 fr. pour un livre broché.

« Je croyais que l'Ecole était gratuite, etc. »

Mais ce n'est pas seulement par l'économie de quelques piè-
ces de monnaie qu'on montre aux parents des élèves l'intérêt qu'on
leur porte; c'est encore, et bien plus, en ne leur faisant pas perdre,
par incurie ou par négligence, le fruit des sacrifices qu'ils font pour
l'instruction de leurs enfants. Et, à ce sujet, je vous rappellerai,
Monsieur, que désirant prévenir ce qui n'est arrivé que parce que
vous n'avez jamais voulu tenir le moindre compte de mes humbles
avis, j'avais pris la liberté de vous prier, dès le mois de mai, de
vouloir bien vous occuper des plans et devis pour la réfection de
la toiture des bâtiments; afin de les adjuger assez tôt pour qu'il fût
possible de se mettre à l'œuvre dès le lendemain de la distribution des prix. Comment les choses se sont-elles passées?

L'adjudication des travaux n'ayant eu lieu que deux jours avant
la distribution des prix, les travaux n'ont pu être commencés
qu'à la fin du mois de septembre : les pluies d'octobre ont occa-
sionné des dégâts considérables; vous avez été forcé de faire exécuter les travaux différemment qu'ils n'avaient été soumissionnés;
et même, après avoir fait travailler *tous les dimanches, sans
exception*, vous n'avez pu ouvrir l'Ecole que le 19 novembre; la
cour et les galeries, entièrement encombrées de matériaux de
toute espèce.

Avec un peu plus de préoccupation des choses dont vous vous
étiez chargé, vous auriez compris, Monsieur, que c'était vingt
jours d'études de perdus pour plus de 400 enfants, et de sacrifices inutiles pour leurs familles.

Vous veniez de rendre, en quelque sorte impossibles, les rapports que j'étais obligé d'avoir avec vous, et cependant le 20 novembre je vous écrivais la lettre que voici :

« Monsieur ,

« L'époque habituelle de l'ouverture des cours d'adultes étant
déjà passée, il m'a paru, ainsi qu'à messieurs les professeurs de

ces cours, qu'il serait convenable d'en annoncer l'ouverture au plus tôt.

« En conséquence, j'ai l'honneur de vous adresser un projet d'affiche afin que vous l'approuviez, ou que vous indiquiez les changements que vous croiriez utiles.

« J'ai l'honneur d'être, etc. »

Le 24, après avoir inutilement attendu une réponse qu'il vous eût été facile de me donner immédiatement, je vous ai adressé cette dernière :

« Monsieur,

« En présence de ce parti pris de ne vouloir jamais me répondre, même pour les choses du service les plus simples, quelquefois les plus urgentes, et dans la conviction que les intérêts de l'Ecole peuvent être compromis par un état de choses si contraire aux règles d'une bonne administration; j'ai, de mon côté, pris le parti d'envoyer ma démission à M. le Sénateur chargé de l'administration du Rhône.

« J'ai bien pu supporter de votre part, sans avoir l'air de m'en apercevoir, beaucoup de procédés blessants, tant que j'étais le seul à en souffrir; mais du moment que le succès des études et la discipline peuvent en être compromis, je n'ai pas à hésiter.

« Je désirerais au moins que me tenant compte d'une résolution qui vous satisfera, sans doute, vous voulussiez bien me faire connaître ce qui a pu m'attirer, de votre part, cette hostilité que tous les efforts que j'ai faits pour m'acquitter de mes fonctions le mieux possible, ont semblé ne rendre que plus vive.

« J'aurais été heureux, croyez le bien, Monsieur, de recevoir les conseils de votre expérience, de prendre sur vous un point d'appui qui aurait donné plus d'autorité à une volonté qui a besoin d'être forte, si vous voulez que cette institution porte de bons fruits.

« Sans cesser d'être bienveillant, le Directeur de votre Ecole doit être très ferme, et comment son autorité peut-elle être respectée quand les subordonnés s'aperçoivent que leur chef n'est pas soutenu par ceux mêmes de qui il tient cette autorité?

« J'ai l'honneur, etc. »

J'ai parlé de procédés blessants : je n'en finirais pas, Monsieur, si je voulais rappeler tous ceux dont vous avez usé à mon égard : je me contenterai d'en citer un seul avant de terminer :

Depuis plus de 20 ans, le Directeur était chargé de préparer et de faire poser les affiches pour la rentrée des cours. L'an passé, je m'étais acquitté de ce soin; j'avais fait préparer d'avance celles de cette année ; le tirage des listes des élèves, par ordre de mérite, était achevé : plusieurs fois je vous avais prié de me faire dire quand vous jugeriez opportun de les poser; quand le lundi , 5 novembre, en me rendant à La Martinière, où je ne crois pas avoir manqué d'aller un seul jour, pendant les vacances, (le dimanche excepté) , j'ai trouvé d'autres affiches placardées, de la veille, sur tous les murs de la ville, annonçant le commencement des examens pour ce même jour, 5 novembre, sans en avoir été prévenu par qui que ce soit (1). Aucune salle n'avait été préparée pour passer les examens des enfants qui étaient venus, en grand nombre, accompagnés de leurs parents ; toutes les classes étaient encore en réparations, ou livrées aux badigeonneurs.

Je demande au premier rustre venu, comment il faut appeler un pareil procédé envers le Directeur d'un établissement chargé, par ses fonctions, de passer lui-même les examens des enfants qui se présentent à l'Ecole....

Mais voyez où vous a emporté votre empressement à poursuivre ce système de vexations rancunières.

---

(1) Et (je m'en suis assuré) sans que personne eût été chargé de m'en prévenir.

Vous avez manqué à toutes les convenances envers M. le curé de Saint-Louis. Quoi ! vous annoncez dans cette affiche qu'il y aura à tel jour, à telle heure, une messe du St-Esprit, dans son église, sans lui avoir demandé son agrément !... Mais si un jour, il prenait fantaisie à M. le curé de Saint-François d'annoncer, sans plus de façon, qu'il fera, dans votre salon de la place Louis-le-Grand, la distribution des prix à son *Ecole cléricale*, qu'en diriez-vous?

Quelqu'autre à ma place aurait pu se frotter les mains en pensant au désagrément que cela aurait pu vous attirer : j'ai préféré à cette jouissance vulgaire, reparer votre bévue en faisant prier M. le curé de vouloir bien tout faire disposer pour cette cérémonie.

M. le président Valois n'a pas cru se ravaler en m'écrivant pour me demander si je voulais permettre à des élèves adultes, qui sont sous son patronage, de se rendre *dans la cour* de La Martinière pour y répéter des morceaux d'ensemble qu'ils avaient à chanter dans une cérémonie publique. — M. le curé de Saint-Louis, lui-même, ne manque jamais de venir, chaque année, demander qu'on veuille bien lui permettre d'y faire exercer de jeunes enfants pour les fêtes du Saint-Sacrement.

Passe pour l'inconvenance, passe pour le sans-gêne; tout le monde n'est pas obligé de savoir les égards qu'on doit à un curé de paroisse.

Mais ce que vous ne pouvez pas ignorer, Monsieur, vous qui avez la prétention d'avoir tous les ressorts de La Martinière dans la main; d'en connaître la tradition : c'est le règlement organique, qui veut que les listes des élèves, par ordre de mérite, soient publiées à la suite des affiches annonçant la réouverture des cours: comment expliquerez-vous un pareil oubli ?

Je laisse à Monsieur le régisseur de vous demander en vertu de quelle autorité vous l'avez rayé, lui petit neveu du fondateur de l'école, du nombre des employés. Par prudence, je ne parlerai pas des autres plaintes qui me sont parvenues sur cette malencontreuse affiche ; vous pourriez peut-être en garder rancune à ces récalcitrants ; et je sais aujourd'hui, par expérience, combien cette rancune est implacable.

J'ai dit que les procès-verbaux des séances de la commission n'étaient pas transcrits au-delà du 5 avril dernier : cette circonstance qui me dispense de répondre à ce que je ne connais pas officiellement, abrégera une tâche déjà trop longue.

PONTHUS-CINIER,
Ex-Directeur de l'Ecole La Martinière.

Décembre 1855.
Lyon.

Lyon, Impr. Ve Mougin-Rusand, rue Tupin, 16.

www.ingramcontent.com/pod-product-compliance
Lightning Source LLC
Chambersburg PA
CBHW061651050726
47598CB00004B/1556